Alexis Dendiével

Petits Contes Amers

Illustrés par Margarita Garcia Alonso

Préface de Sébastien Lemoine

editions

Hoy no he visto el Paraiso

©Alexis Dendiével

ISBN: 978-2-919441-07-5

Siret: 519 383 319 000 18 – France

Illustrations: Margarita Garcia Alonso ©

Préface: Sébastien Lemoine ©

Edition: Hoy no he visto el paraiso

2010

« *Je ne songeais pas à Rose* »

Victor Hugo

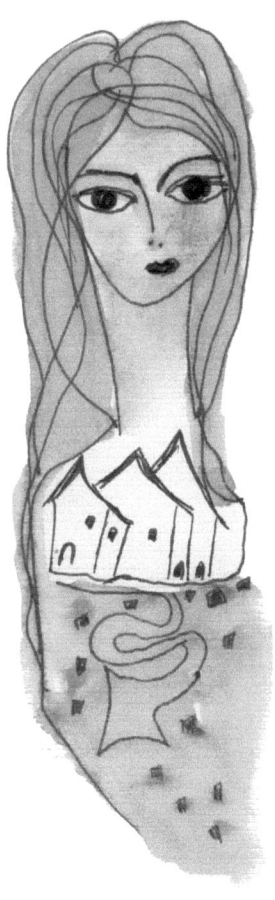

Préface

Dans chaque port... des rencontres. C'est au Havre que j'ai connu Alexis Dendiével et Margarita Garcia Alonso, il y a maintenant plus de dix ans. Le Havre, une ville au passé si torturé qu'elle exprime tant d'aversion pour certains et tant de passions pour d'autres. Une ville d'adoption aussi, pour Alexis, venu tout droit des plaines du Nord et pour Margarita qui a rejoint le vieux continent bien loin de son Cuba natal.

Outre la très grande amitié qui nous lie, l'art, ou plutôt la création artistique, n'a pas cessé de nous rapprocher. Pour résumer, j'avais mes chansons et mes poésies, Alexis avait ses musiques et Margarita ses peintures. Mais en vérité, nous avions tous nos chansons, nos poésies, nos musiques et nos peintures.

Aujourd'hui, je signe la préface... Cela résonne comme une réminiscence de toutes ces années où nous avons composé nos arts, confronté nos expériences et partagé nos envies.

Je pense que vous vous laisserez plonger dans ces « Petits Contes Amers », en plein cœur de l'intimité d'Alexis, voyageur aux étoiles qui s'exprime cette fois par les mots avec un vecteur principal, la « muse » qui inspire à la fois le musicien et le poète – celui qui a du cœur mais pas assez de place pour y caser ses émotions. Dans cette intimité, on se laissera bousculer par la construction « avec l'Autre » et la déconstruction « malgré l'Autre » à travers des textes au style puisé parfois dans les fables ou dans les légendes ou simplement signifiés – pour s'amuser avec les mots.

Ceci pour se retrouver comme un enfant face à la « Femme » - celle qui donne la vie et celle avec laquelle on compte donner un sens à sa vie. Un paradoxe que l'artiste, le cœur trop plein, semble porter à la fois comme une inspiration mais aussi comme un mystère irrésolvable. C'est de cette poésie qu'use Alexis tant par les mots que par les notes (il n'y a que l'écriture qui les différencie), d'ailleurs le lien avec la musique est évident. Comme cette sincérité qui caractérise tant ce recueil que le personnage lui-même.

Un paradoxe. Qui de mieux pouvait l'illustrer si ce n'est Margarita Garcia Alonso avec la symbolique qui lui est propre, des bribes lâchées entre ses souvenirs d'enfance à Cuba et son cheminement jusqu'au Havre, ces images qui semblent flotter dans sa tête. Elle a su décrypter les « contes amers ».

Comme je l'imagine, entourées de ses bougies, emprisonner la souffrance et l'espoir sur papier d'une main automatique, se laissant aller aux commandements de sa mœlle créative. Comme je la vois s'imprégner de la consistance de ces écrits pour glisser son fusain et plancher l'esquisse des « contes amers » illustrés.

Comme il est surprenant de ne plus, à la fin, différencier le texte et l'illustration – preuve de la communion évidente des arts et des âmes qui ont bien fait de se rencontrer.

C'est cela aussi la beauté des ports...

Sébastien Lemoine

Petits Contes Amers

Phases de la lune

C'est la lune nouvelle une page se tourne

Où iras-tu ficelle celle que je contourne

Depuis belle lurette la lune est à la fête

Faudrait que je m'en remette c'est bloqué dans la tête

C'est le premier quartier la lune s'en est allée

Où es-tu mon aimée je pense à toi souvent

Il faut voir devant quand la lune en rêvant

Arrêtera les vents inventera l'été

Un soir de lune noire c'est le blues au comptoir

Plus la peine d'espérer sais tu comme j'ai erré

Au plus profond du cœur un battement de tambour

Un phénix se meurt un autre fait sa cour

C'est le premier quartier et revoilà l'été

T'en souviens-tu belle comme l'on s'est aimé

Faut juste une étincelle de nouveau enflammée

Lancer la manivelle jusqu'à l'éternité

Histoire d'un crapaud et de la libellule

Un crapaud bien commun avait certaine faim
Sortant les yeux de l'eau il vit une libellule
Ayant de l'expérience, il s'approcha doucement
Ne sortant que les yeux de la surface de l'eau
Que fait la libellule, elle vole et virevolte
S'arrête et puis repart, se pose et se repose
Et même parfois s'impose

Ce jour là, allez savoir pourquoi
La libellule s'apprête à réfléchir sur le bout
D'un brin d'herbe qui sortait du marais
Le crapaud, que ce manège faisait bien marrer
Pense au festin prometteur que la providence ....

Juste se rapprocher, doucement, rien ne presse
Ne pas vouloir replonger, et ressentir l'ivresse
Il est pour le crapaud une sérénité
Bien au fond de l'eau, mais il faut manger

Alors le drame se compose.

Le crapaud déterminé est tout près du trophée.

Va t'on savoir s'il ose?

Que va-t-il se passer?

Crois moi sinon je vais me taire

Il est certaines choses qui dépendent des vents

Le crapaud s'élançant retombe sur le derrière

C'est difficile à faire sans entraînement

Le brin d'herbe résonnant aux vibrations de la terre,

Gicle la libellule un peu plus loin dans l'air

« Qui s'est permis de me sortir de ma douce
réflexion »

S'écrit la libellule dans le tourbillon

Précisons: il est rare qu'une libellule apprécie

De se faire déranger en pleine réflexion

Le crapaud bien sonné mais de certaine fierté

Ose juste un « c'est moââ » se disant que ma foi,

Manger sera pour une autre fois.

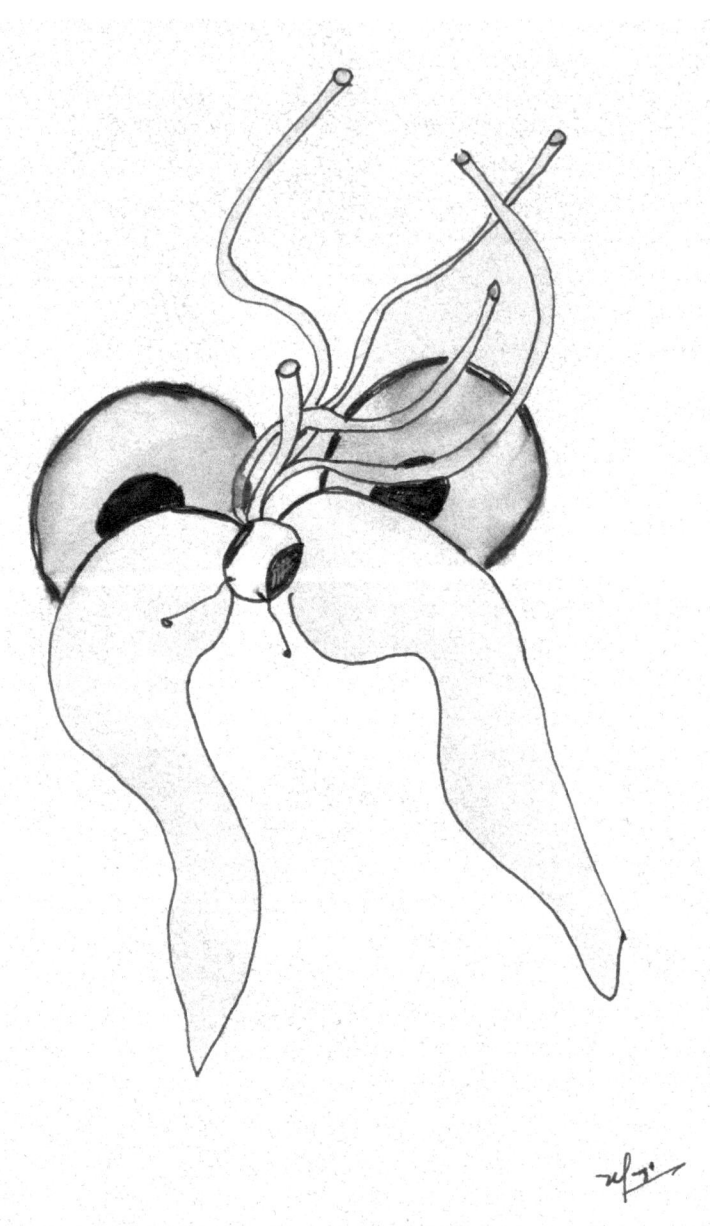

L'histoire s'arrêterait là mais l'hiver s'en mêla

Et parfois j'ai pu voir
Crapaud et libellule
Discourir à la lune
Et même s'embrasser

N'est pas crapaud qui veut
Seuls les princes déchus
Princesses savent bien
Leur redonner la forme
E le crapaud soudain
Se transforme en homme

En connais-tu juste un
Qui n'aie pas espéré
La libellule
Un soir
D'été

Pages

Page ouverte sur les possibles
Page verte quelle est la cible?

Page vierge que je remplis
Page émerge où l'on oublie

Page vide et quelques rides
Page avide transmet le fluide

Page neuve avant qu'il ne pleuve
Page nue venue des nues

Page à rire cet élixir
Page à mourir petite mort

Page en or ou en cachemire
Reflet d'aurore c'est un soupir

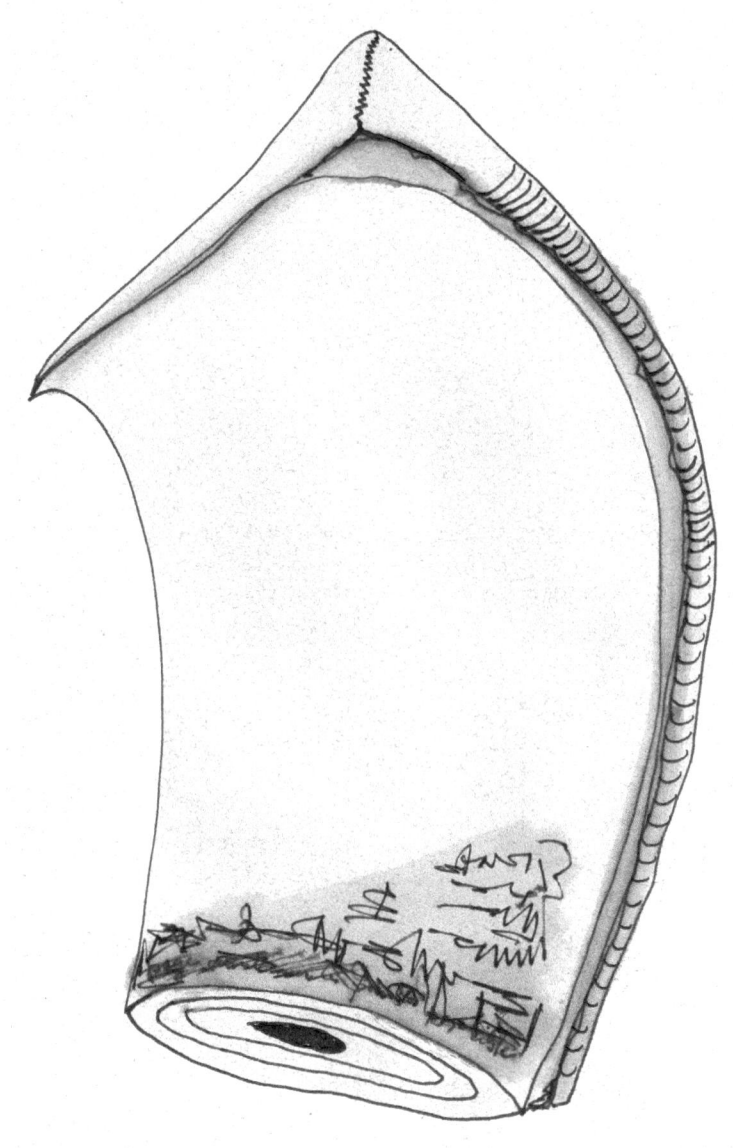

Page blanche s'payer une tranche
Page en transe page qui danse

Page à toi page du roi
Fou de la reine c'est une veine

Page en moins page effacée
Page envolée ou page au loin

Page en surplus ou superflue
Et page en plus page non lue

Page nue juste page belle
Page menue, page manuelle

Page pour toi pour ne rien dire
Page sans loi pour s'endormir

Page sans toi

Les factures

C'est fou comme parfois cela peut être dur
Celle de la dernière fois faut dire que j'étais mûr
Quand un type un vrai mur m'a juste parlé de toi
M'assurant que c'est sûr tu es un mets de choix

J'ai pensé la parure tu portais autrefois
Quand au delà des murs on s'en allait parfois
Tu soupirais et moi j'aimais bien ce murmure
Cela est loin c'est dur que ce soit toujours là

Oublier les factures que tu me présentas
Comme une acupuncture sur mes mauvais pas
Et accepter le froid est-ce de bon augure?
De l'hiver sans bois je prendrai la raclure

Le choix de la luxure? Se choisir une loi?
Espérer le futur? Ou s'enterrer tout bas?
De silence pour une fois commencer une cure
J'aime le bruit des bois le silence je n'en ai cure

La loi du silence

Contre tous les extrêmes sauf ceux d'envers soi
Et vers aucun emblème le silence est la loi

Celle des cœurs blêmes qui n'ont pas eu le choix
Ou bien juste la flemme de partager l'émoi

Contre tous les extrêmes j'aime et mon cœur bat
Pour une femme poème et c'est rare ici bas

Une femme à l'extrême différence de moi
Une femme comme on aime libre et fière à la fois

Contre tous les emblèmes même l'amour sans loi
Loin de tous les extrêmes à part ceux d'envers soi

Quand diras-tu je t'aime je n'attend rien de toi
Qu'un temps qui passe et sème les fleurs de la joie

Contre tous les extrêmes sauf ceux d'envers soi

On trouve la bohème on y est bien parfois

Y a comme un diadème qui éclaire nos pas

Et nous laissant nous-mêmes garde le désarroi

Est-ce donc un problème sans amour et sans joie

Que le cœur extrême blasphème et puis s'en va?

Vous espérez parfois qu'il pose un stratagème

L'espérance suprême du silence est la loi

Stéréophonie

T'es dans le blanc ça va prendre du temps

T'es dans le rouge il faudrait que ça bouge

T'es dans la bière on s'est pas vu hier

T'es dans l'coltard moi déjà au plumard

T'es dans le vrai moi sans vérité

T'es dans le shit et je cherche le hit

T'es en carafe je prends des baffes

Tous azimuts et moi sans azimut

T'es endormie et ça m'ennuie

T'es réveillée, je suis déjà barré

Tu es partie j'attends ici

Quand tu reviens j'suis déjà loin

Tu veux partir je bois un verre

Ou réfléchir j'pense à l'envers

Tu as des doutes rien à foutre

Et des douleurs qui me font peur

Tu es entière juste à demie

Parfois sévère des fois j'en ris

Verbe funambule sur le fil de la vie

Elle est majuscule la stéréophonie

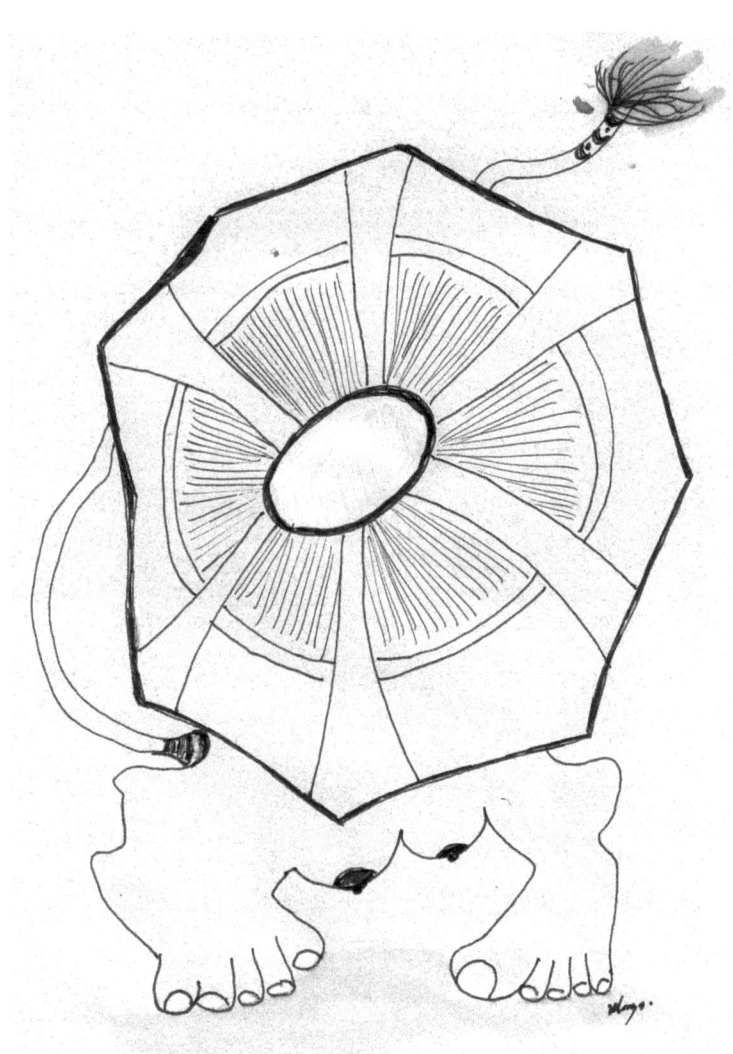

La reine et le manant

Tu es la reine et je suis un manant
C'est pas de veine et mes pas m'en allant
J'écoute la peine des braves gens
Et toi de reine tu changerais d'élan?

Pourquoi changer ça n'en vaut pas la peine
Pourquoi bouger quand le cœur se promène
Pourquoi oser quand déjà loin tu sèmes
Pourquoi t'aimer je reçois l'anathème

Je t'aime reine et je suis un manant
Vêtu de laine croyant au firmament
Celui qui mène l'âme des braves gens
Et toi de reine tu changerais d'élan?

Pourquoi changer quand l'âme n'a point de peine
Pourquoi bouger quand le corps se promène
Pourquoi oser quand juste la vie sème
Pourquoi t'aimer je n'suis pas fort en thème

Tu es ma reine et je reste marrant

C'est dans les gênes ou dans le fil du temps?

Et point de haine sur ton chemin pourtant

Un p'tit poème que je pose en rêvant

Pourquoi changer

Je change si je veux

Pourquoi bouger

Et c'est bien mieux à deux

Pourquoi oser

Je ne peux dire mieux

Pourquoi aimer

Pour vivre et c'est tant mieux

Les histoires

Y a des histoires courtes
Y a des histoires longues
De celles qui durent
Et d'autres pas du tout

Y a des histoires de fesses
Y a des histoires de cœur
Des histoires de chemin
Et d'autres vers demain

Y a des histoires brèves
Y a des histoires d'amour
Des histoires de comptoir
Des histoires pour voir

Y a des histoires blêmes
Y a des histoires de chaînes
Des histoires à l'envers
Et d'autres de travers

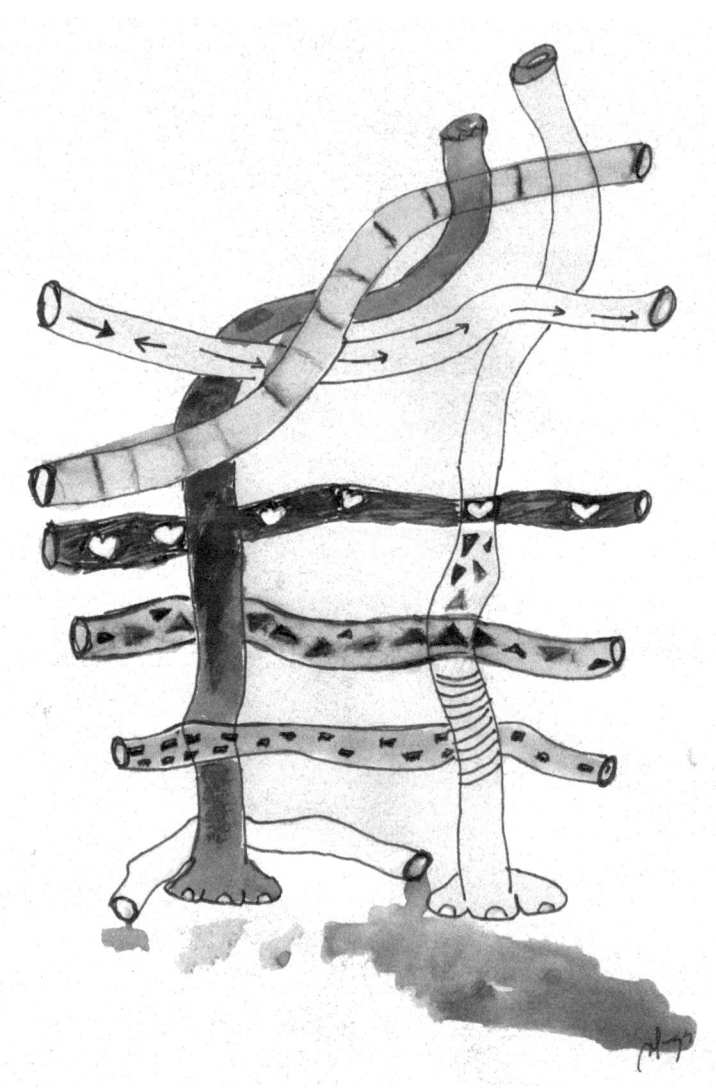

Y a des histoires de fou
Y a des histoires et nous
Nos histoires nos murs
Nos vertes et pas mures

Y a des histoires de tu
Y a des histoires à toi
Des histoires en veux-tu
Des histoires en voilà

Et de toutes les histoires
La plus belle c'est la vie
Car de toutes les histoires
C'est la seule qui dit

Tu peux compter sur moi
Jusqu'à la fin du monde
Et dans la grande ronde
Tu sais que je suis là

Au cirque du levant

Au cirque du levant y a un monsieur loyal
Qui claironne à tout va il faut que ça commence
C'est un peu décollé qu'il prépare le café
Il faut se réveiller et entrer dans la danse

Il n'est plus temps déjà rejoignez votre place
Un regard à la glace c'est déjà bien comme ça
Le spectacle s'avance a fait le tour du monde
Tambours à tout va voici la grande ronde

Au cirque du levant y a un clown triste
Dans un fauve surprenant qui fait le tour de la piste
Il affute ses dents les soirs d'affluence
Il fait rire les enfants quand il danse

Au fond de ses yeux juste un rien de Havane
Qui brille de mille feux aux parfums de savane
Il a fait des envieux sa crinière se fane
Il se fait un peu vieux car son cœur est en panne

Au cirque du levant y a un étrange magicien

Qui bien souvent se trompe et disparaît lui même

Dans la moindre bouteille qu'il sort de son chapeau

C'est un rhum sans pareil, c'est son propre tombeau

Il faut le retenir lui attacher la patte

Il ne fait que partir réapparait tout mat

Dans un étrange rire qui vous pique la rate

Ce n'est pas si bien dire, c'est une arnaque

Au cirque du levant y a une danseuse étoile

Qui caresse un trapèze et ouvre le voile

D'un bal dans les airs elle s'est envolée

Et ne parle jamais sauf aux pierres

Au fond de ses yeux au delà du décor

Et c'est mon réconfort un bel oiseau bleu

Qui brille de mille feux et nous parle de l'or

Qu'il y a dans les cieux

Au cirque du levant un funambule aveugle
Danse dans la brume d'un pas lent
Son cœur est mort hier il est si léger
Il a quitté la pierre qui le retenait

Au fond de ses yeux un étrange carnaval
Un jongleur et ses balles sur un cheval en feu
Chevauche ailleurs dans un somptueux décor
Où la mort est un jeu

Au cirque du levant tout espoir est permis
La journée est devant il faudrait qu'on y rie
Et qu'on y pleure aussi montons le chapiteau
Le spectacle sera beau et surtout plein de vie

Approchez messieurs dames c'est le cirque des nues
Le chemin parcouru et celui à franchir
Apportez votre rire et votre cœur en flamme
Juste un rien de désir et vos rêves de l'âme

Le cheval folie

C'est un cheval qui court

S'arrête à chaque pas

Et prend tous les détours

Sans jamais être au pas

C'est un cheval sauvage

La crinière arabesque

Dont le galop sans âge

Nous définit la fresque

C'est un cheval ancien

Qui invente le chemin

Monture sans cavalier

C'est un cheval pressé

C'est un cheval qui fuit

L'as tu vu par ici

De jour comme de nuit

Le cheval folie

Le temps galope et fuit rêve et redéfinit

S'arrête à l'infini sans jamais de sursis

Phénix

Le cœur est un phénix
Un oiseau de bohème

Quand tu t'en va il meurt
Quand tu reviens il pleure
Les larmes du bonheur
De savoir le tien

Le corps est un phénix
Un oiseau de lumière

Quand les corps s'emmêlent
Et changent de décors
Ressurgissent plus loin
Calmes et reposés

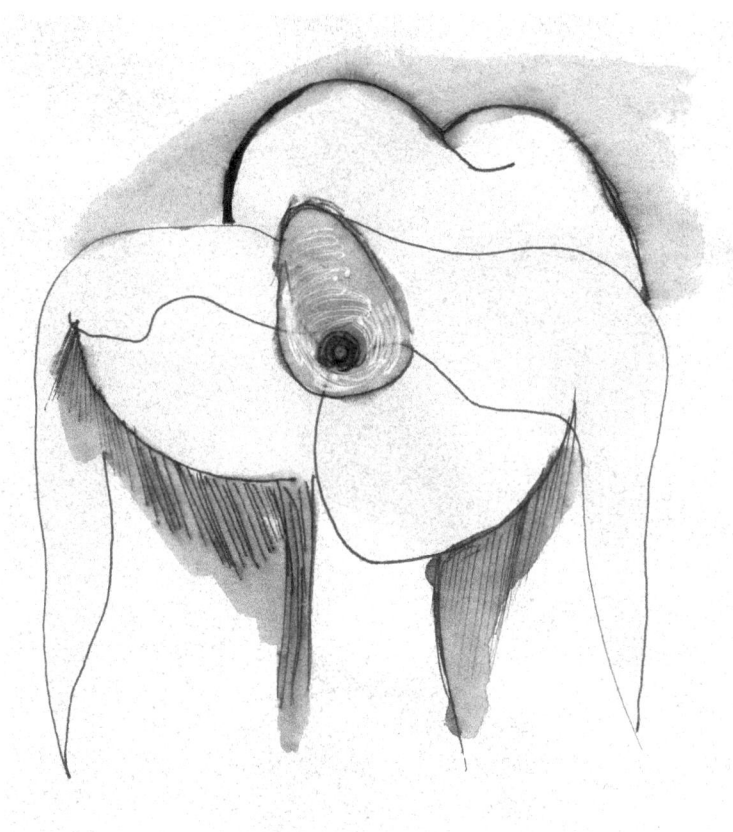

L'amour est un phénix
Un oiseau de bohème

En partage il flamboie
Était-ce un feu de paille
Il est mort notre amour
Consumé jusqu'au cœur

La vie est un phénix
Un oiseau du soleil

Quand les âmes s'en mêlent
Réveillent l'éternel
Vers les rivages lointains
Des chemins incertains

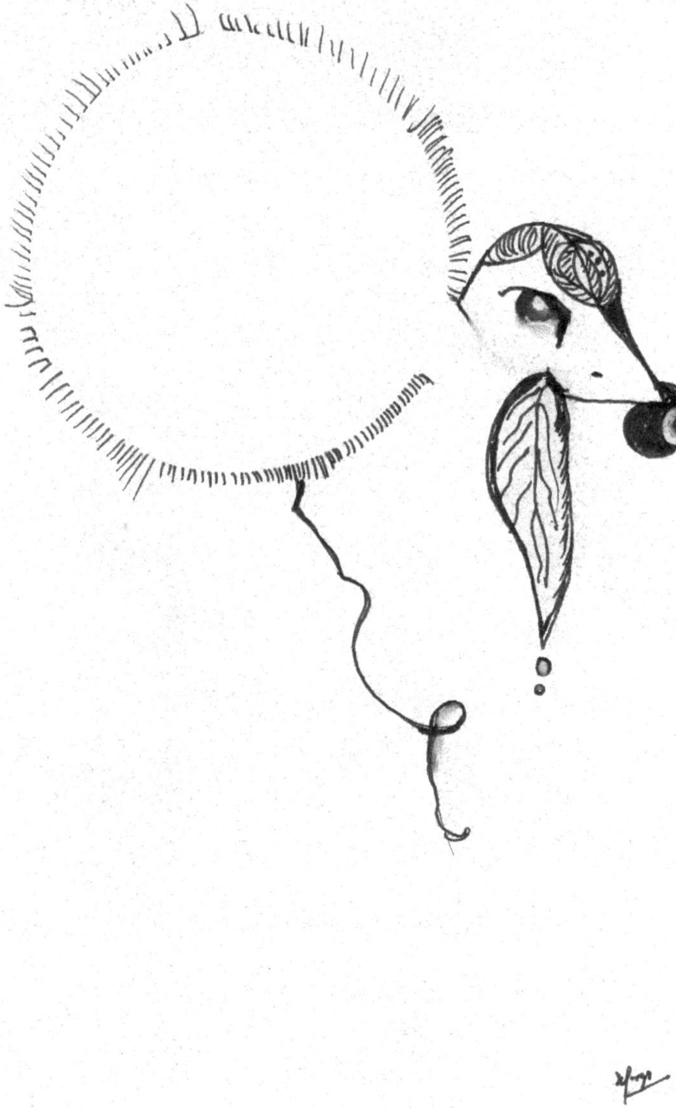

El Lupo

La lune éveilla par delà ses orgasmes
La vibration sauvage de cœurs en transhumance
Partis chercher loin, au delà des fantasmes
Une extase inédite et un amour en transe

Dans l'ombre des rires de pacotille
Si proche d'un festin prometteur
Surgit de la pénombre l'escadrille
Et son meneur

On croyait disparus ses hurlements, ses ruses
Percés du pieu de bois de gens bien comme il faut
Il s'était réfugié en forêt des Abruses
De vieilles superstitions ressurgiront les mots

Tremblez calmes mortels car revoilà la meute
Elle s'ancrera au creux des craintes ancestrales
Animal bestial au sommet de l'émeute
Sans idéal

La lune s'emplit alors

En vierge artificielle

Pour présider ce que

Sera la belle nuit

Et les larmes perdues

Par tant de bagatelles

Arroseront les tombes

Des contrées de l'ennui

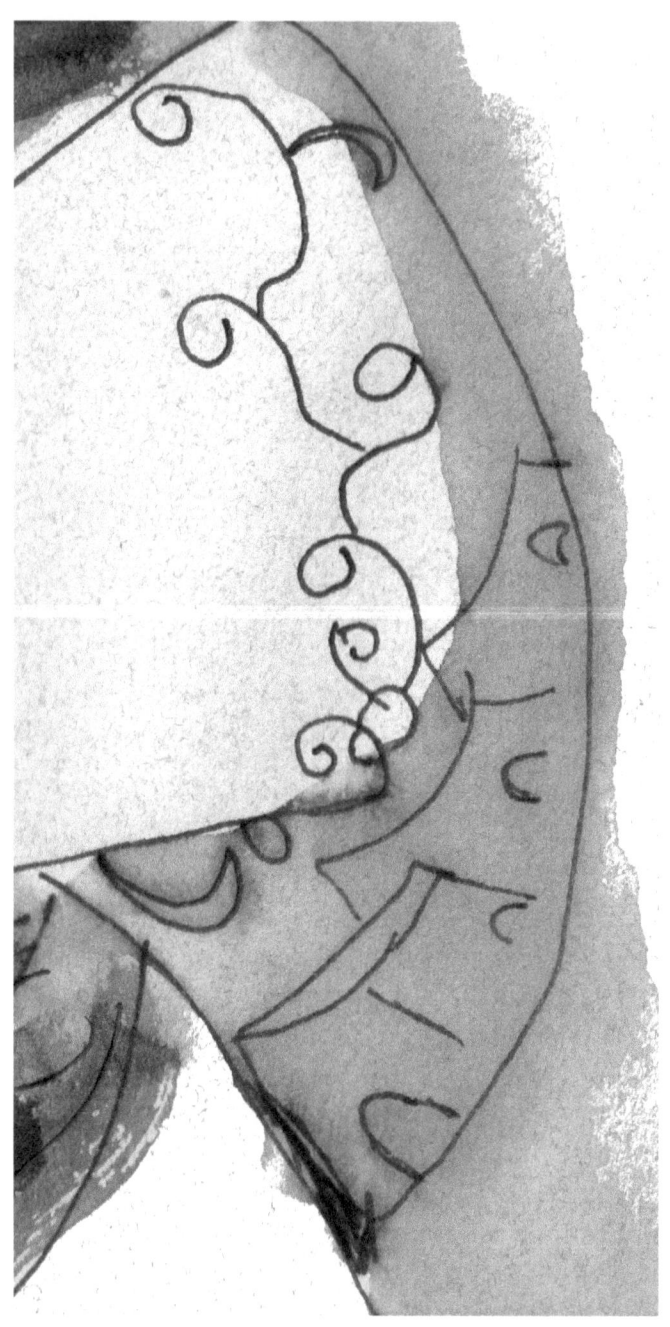

50

Eurydice

La forêt de nouveau cache la solitude

Une douceur lancinante y pansera les plaies

Le retour au cachot des jours de lassitude

Amorce la descente sur les traces d'Orphée

Je parlerai au Diable et aux anges déchus

Festoierai avec eux de mes pas maladroits

Mes nuits s'accommoderont de chimères irritables

Dont la seule loi est celle du fourchu

Les pas m'entraîneront sur les rives du Styx

Elle y prend un bain nue et délaissant les quais

M'enchaîne comme hier d'un long regard fixe

Qui promet à la Terre une récolte dorée

Je danserai alors avec mon Eurydice

Et mon être en entier renaîtra de ses cendres

Aux frontières du décor nos deux corps complices

Franchiront les paliers des délices les plus tendres

Dois-je me retourner ou aller de l'avant

Cette belle poupée a un rire enivrant

Que fera-t-elle après les premiers instants?

Je me tourne, elle s'envole au delà du temps

Je suis sorti hagard de cette nuit sylvestre

Rassasié pour un temps des saveurs primaires

Le souvenir a pris les parties de l'orchestre

Et le soleil s'en va vers le grand Univers

Danse

Danse mon Eurydice

Fait renaître en entier

Les cœurs possédés

Aux songes

Je t'aime au fond du cœur et cela te fait peur
Mais avant de me taire et penser à l'envers
Je me permets pourtant ce verbe dans le vent
Des songes et d'ailleurs ce qu'ils ont de meilleur

Il arrive parfois qu'au beau milieu des songes
Tu t'approches de moi quand les ongles me rongent
Cela n'est qu'un instant et je ne sais qu'en faire
Toi dans mes bras pourtant les songes savent faire

Alors le réveil et la réalité
Cela n'est pas pareil au songe d'une nuit d'été
J'ai pourtant essayé sous des formes variées
J'abandonne l'idée aux songes je laisse aller

Les songes sont au jour comme le vent à la Terre
Ils soufflent avec humour quand on les laisse faire
Est-ce prémonitoire ou bien juste un peut-être
En attendant bonsoir dans mes songes je te fête

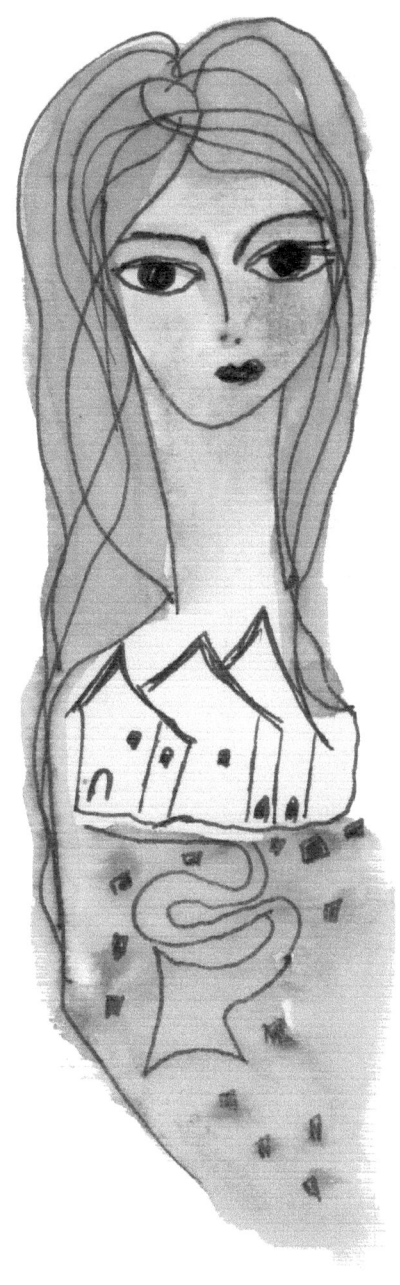

Les fleurs du jardin

J'ai sept fleurs dans mon jardin
Sept fleurs c'est déjà bien
J'en donne une à un copain
Le printemps c'est pour demain

J'ai six fleurs dans mon jardin
Et six fleurs c'est mieux que rien
M'en vole une un galopin
Le printemps c'est pour demain

J'ai cinq fleurs dans mon jardin
Cinq fleurs c'est humain
J'en mets une dans un quatrain
Le printemps c'est pour demain

J'ai quatre fleurs dans mon jardin
Quatre fleurs c'est masculin
Alors passe un pèlerin
Le printemps c'est pour demain

J'ai trois fleurs dans mon jardin

Trois belles fleurs dans le matin

L'une passe chez mon voisin

Le printemps c'est pour demain

Y a deux fleurs dans mon jardin

Et deux fleurs c'est enfantin

L'une s'éprend d'un libertin

Le printemps c'est pour demain

Juste une fleur dans mon jardin

Une fleur c'est divin

Piétinée par un crétin

Le printemps c'est pour demain

Zéro fleurs dans mon jardin

Zéro ça laisse sur sa faim

Éternel féminin

Le printemps c'est pour demain

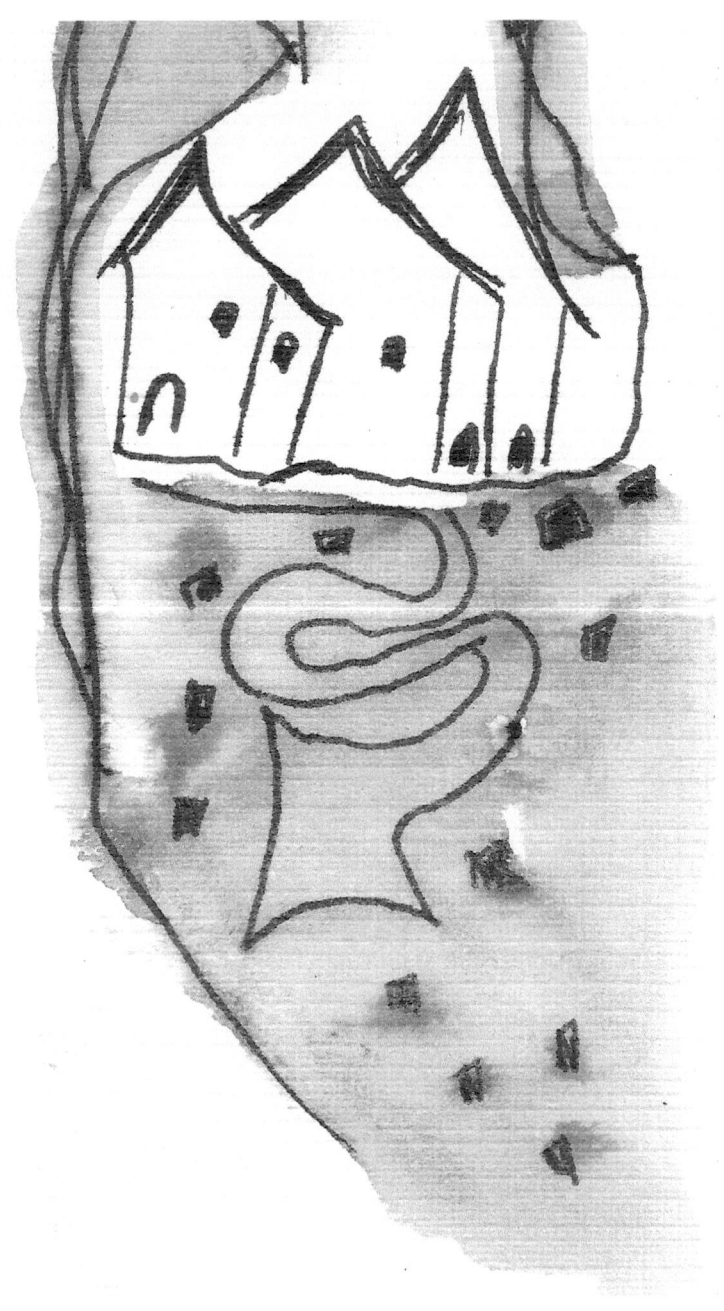

Oh

Une   fleur

Dans

Mon   jardin

Qui s'est pointée

Ce matin

Petite fleur

D'où tu viens?

Le printemps

Nous tend la main

L'enfant, l'olivier, l'escargot, et l'éléphant

Un éléphant se promenait
Dans un jardin de porcelaine
C'est enfantin que la vaisselle
Soit piétinée

Un escargot se baladait
Dans l'potager sans se presser
C'est enfantin qu'il ait dressé
La table et tout dévoré

Un olivier voulait pousser
Sans se presser dans un jardin
C'est enfantin qu'il ait osé
S'en aller juste un peu plus loin

Un enfant se promenait
Dans un jardin sans olivier
Un éléphant lui passe devant
Un escargot lui rit au nez

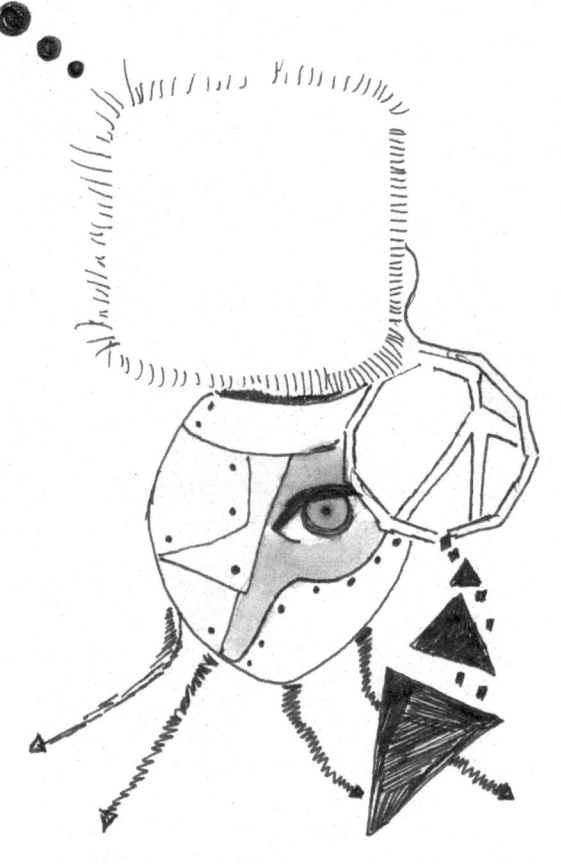

Un éléphant c'est embêtant

Un escargot rigolo

Un olivier passager

Au vent d'été

Au vent d'état

Des vents tu ris

Au vent il est

Les vents tard disent

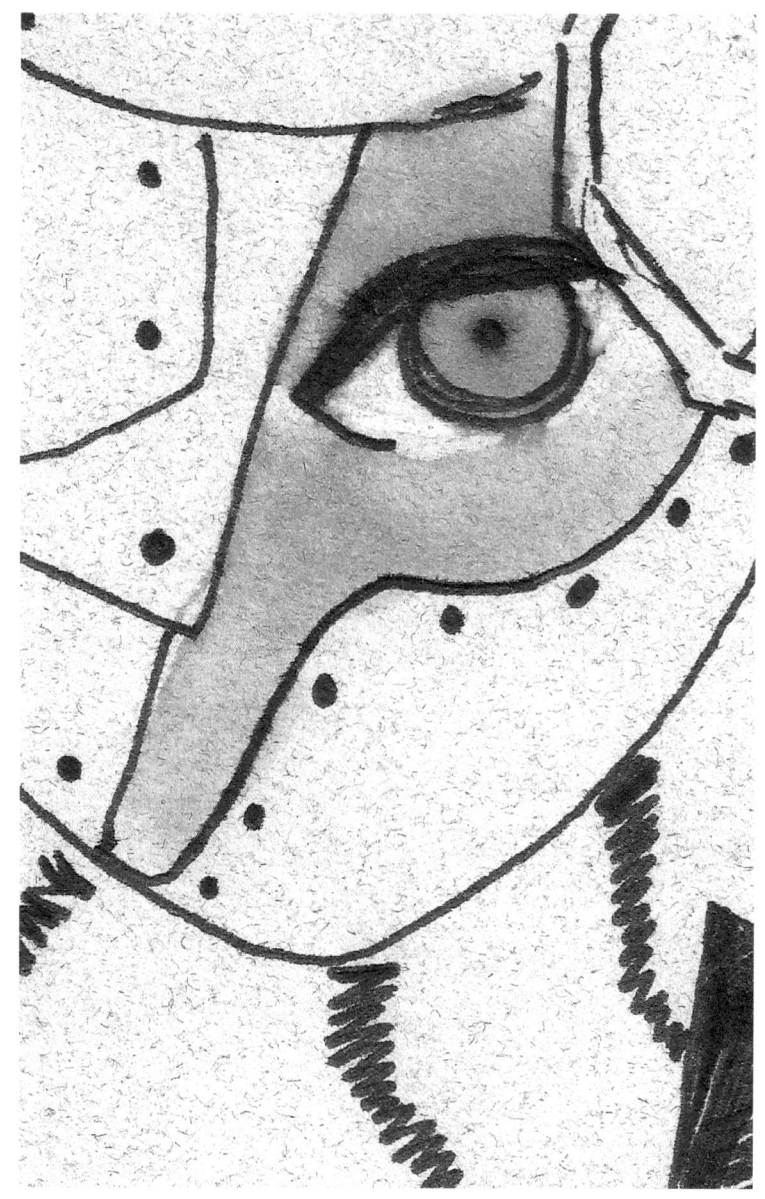

Le passeur

Je suis un passeur l'autre rive c'est tout droit
Et j'écoute ton cœur accompagne tes pas
Je parle à la bonne heure et chuchote tout bas
Le passé que tu pleures le futur qui viendra

Je suis un passeur et tu ne me vois pas
J'érige ton bonheur comme la seule loi
Je sais bien que sonne l'heure où tu me quitteras
Je n'ai pas la rancœur et je suis juste là

Je suis un passeur et sûr tu m'oublieras
Alors demain je meurs et tu me manqueras
Comme j'ai passé les peurs de bien d'autres avant toi
Passeur je n'oublie pas c'est imprimé au cœur

Je suis un passeur passe donc ton chemin
Il n'y a rien qu'un leurre à demain c'est plus loin
J'ai vu de belles fleurs croire même au destin
D'un avenir festin et son lot de chaleur

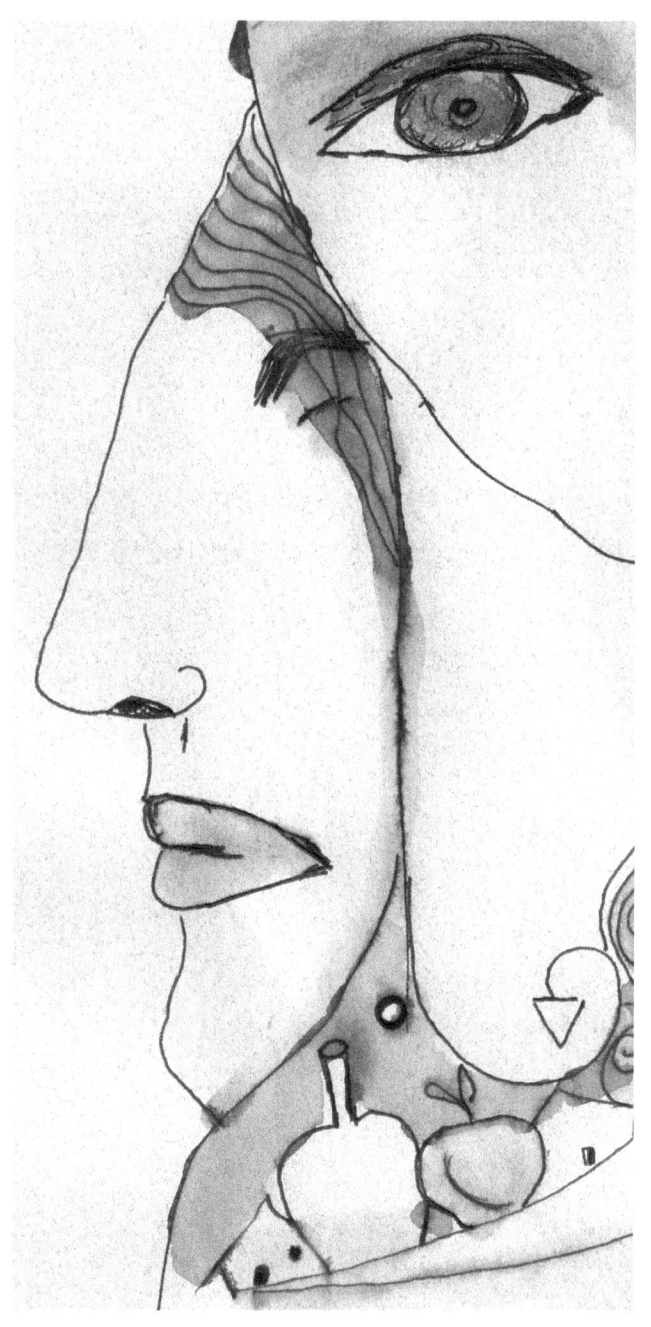

Je suis un passeur et je suis fatigué

Je doute de l'ampleur sur les rives destinées

J'ai eu froid j'ai eu peur et me suis relevé

Je rêve demain majeur et la barque enlevée

Alors de passeur je passerai en pause

Et sur l'autre rive m'autoriserai la prose

J'ai fais mon lot d'erreurs sans rien perdre de la rose

Qui pousse à vivre pour l'heure le passeur se repose

Bouteille à la mer

Une bouteille à la mer
Qui dit juste je pense
A tes seins à tes hanches
Sur mon îlot désert

Incroyable comme je penche
Vers tes courbes parfois
Quand le silence fait loi
Et quand le rêve est roi

Ça ne va nulle part
La bouteille au placard
Pourtant à l'intérieur
L'espoir et la senteur

Une bouteille à la mer
Qui dit como estas?
Je t'ai aimé tout bas
Sur mon îlot désert

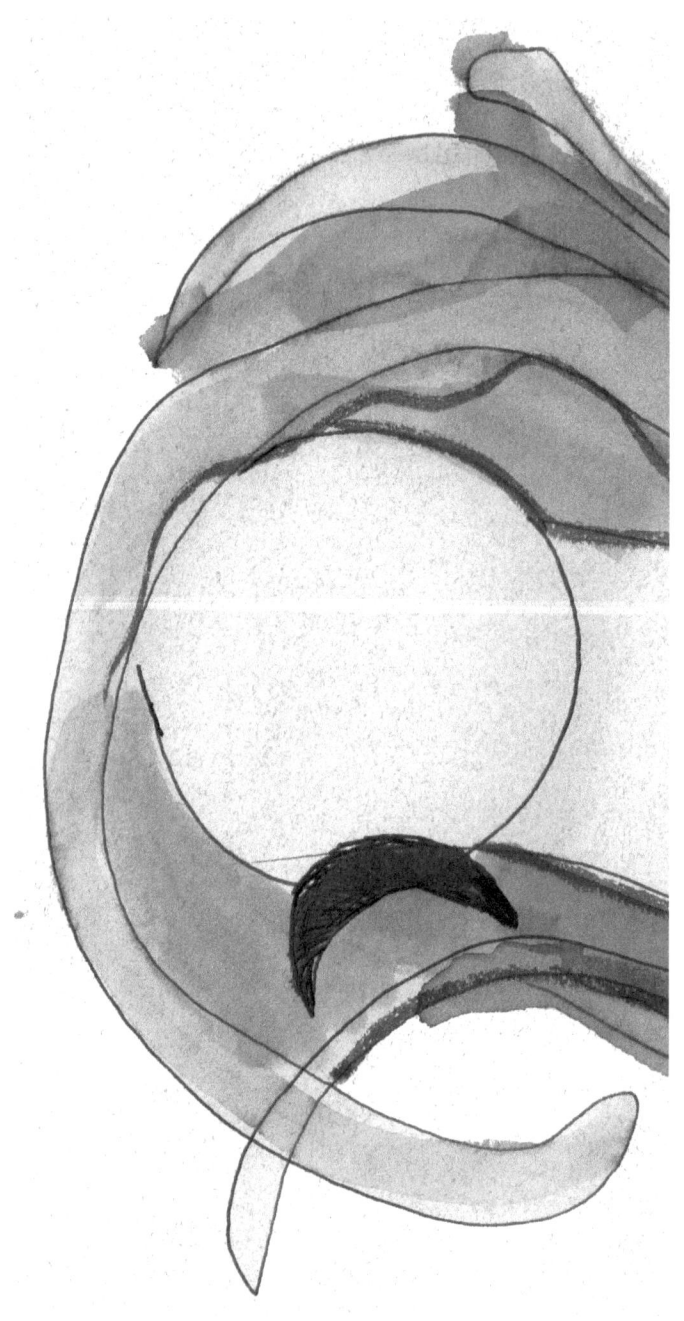

Incroyable comme tu fuis

Et prends peur à mon verbe

Le silence s'ennuie

Et souffle son brin d'herbe

Ça ne mène quelque part

La bouteille est un phare

Parfois vide transmet

L'îlot source d'espoir

Vogue petite bouteille

Transmet ce message à la belle

Qu'elle vive et s'émerveille

De tous les soleils

Flûte alors !

Flûte les mots me manquent

Pour dire

Ce que j' ressens pour toi

C'est pas question de manque

Je mute

Bien caser dans ma planque

Flûte les mots me manquent

La flûte

Se le permets parfois

Instrument qui me hante

C'est brut

Comme le cœur bat

Flûte Les mots me manquent

S'en vont

Je n'attends rien déjà

La flûte était contente

Elle dort

Et parle mieux que moi

Flûte au delà des mots

Antenne

Parfois elle est comme cela

Mire du temps qui passe

Elle souffle

Et demande le rire

La flûte est très jalouse

Souvent

Ne donne aucun soupir

La flûte bien rangée

Passé

Présent et avenir

72

Au Présent

Je Pourrais

Flûter ton Souvenir

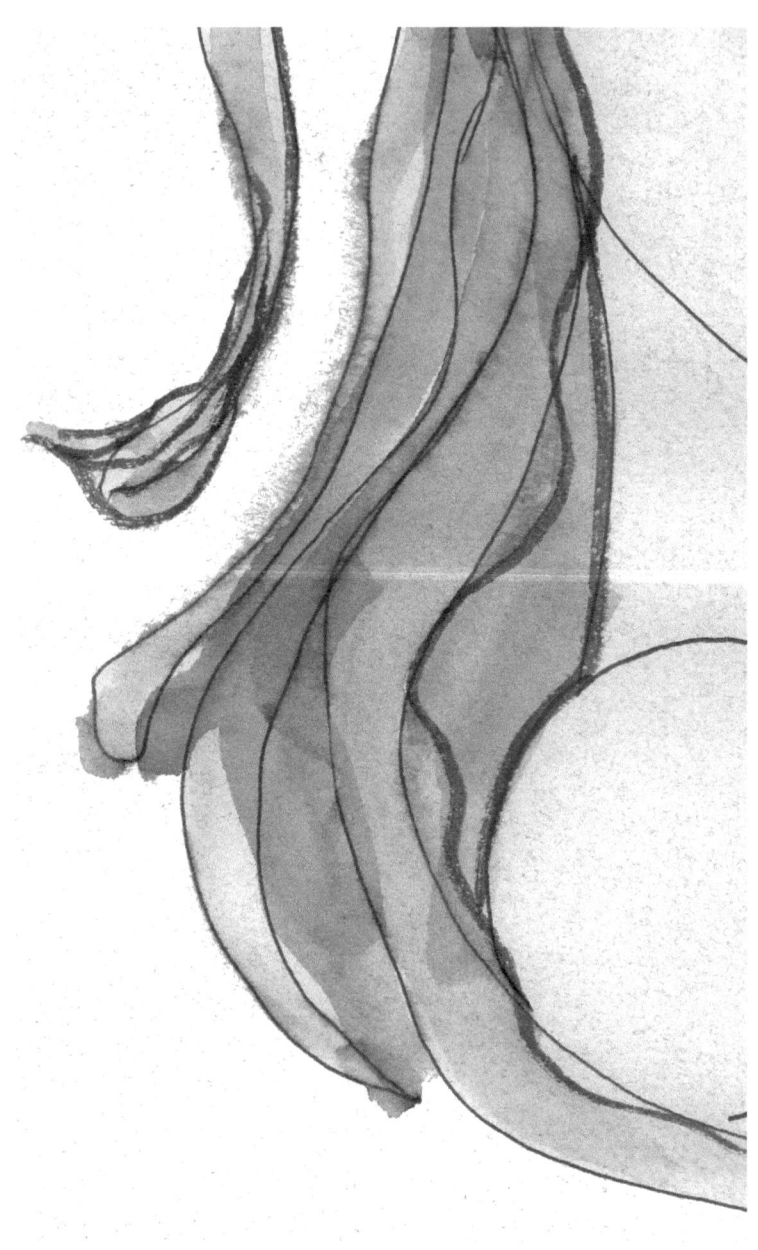

Accords

Accord majeur et bonne humeur

Accord mineur lève les peurs

Accord ouvert et corps offert

Accord perdu corps défendu

Accord et à cri c'est pas fini

Accord en l'air et laisser faire

Accord juste celui des rustres

Accord septième jazz quand même

Accords neuvième femme poème

Accord onzième silence sème

Diminué accord pressé

Et augmenté accord volé

Accord fini et c'est tant pis

Accord sage et c'est tant mieux

Accord d'âge chemin du mage

Accord dés on se sent bien mieux

Accord rompu en faut-il plus
L'accord de tiens deux tu l'auras
Accord de trop ne dire mot
Accord d'émoi un verre là bas

L'accord défi ne pas casser
L'accord de ré deux mains tendues
L'accord peureux la corde à nœuds
L'accord d'eau coup d'épée dans l'eau

L'accord d'hier d'aujourd'hui
L'accord métal accord fatal
Accord parfois feu de tout bois
La terre et l'eau accord beau

L'accord parfait n'existe pas
L'accord parfois existe en fait
L'accord fait pour accompagner
La mélodie de tes baisers

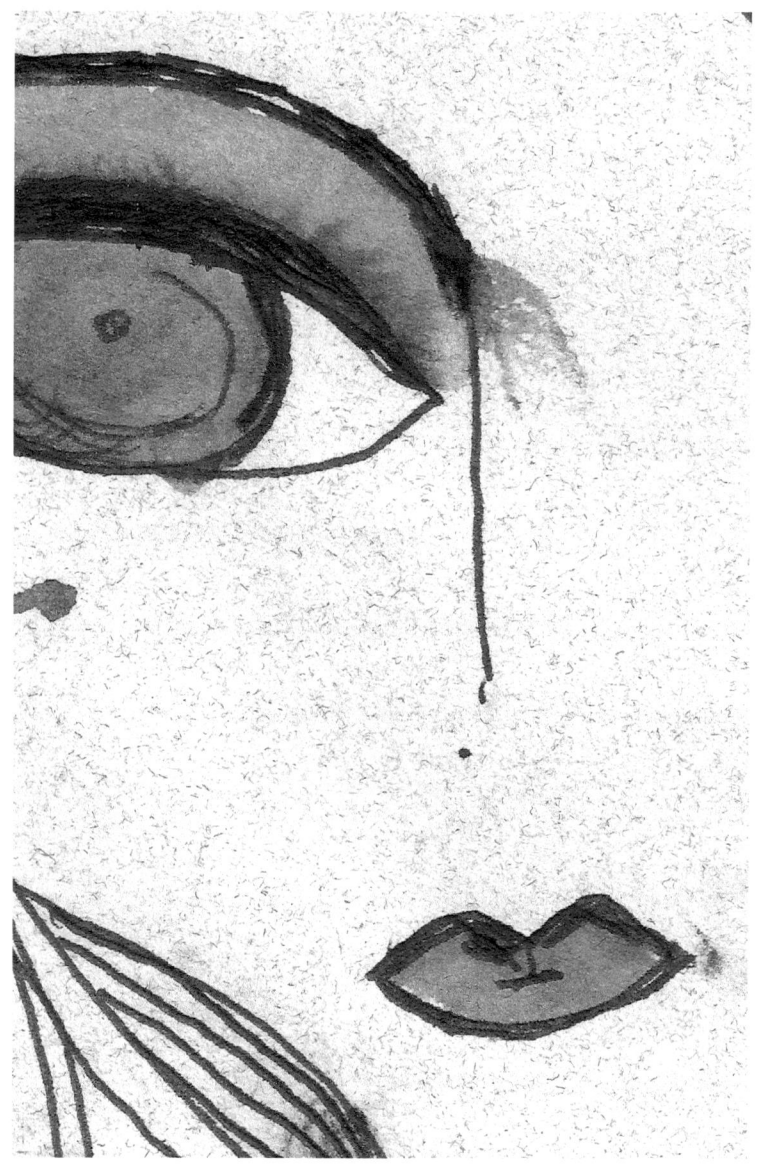

Sommaire

editions
Hoy no he visto el Paraıso

Dépôt Légal Décembre 2010